いつでも　どこでも　誰でもできる!

DVD付き

みんなの海上自衛隊体操

マガジンハウス編
海上自衛隊協力

マガジンハウス

PROLOGUE

Let's try!

みんなの
海上自衛隊体操

80年以上にわたり、海上自衛隊において日々行われている体操があります。動きは実にシンプルでありながら、ラジオ体操を超える抜群の効果が得られる体操──。あなたも今日から始めてみましょう。カラダが、そして生活が変わります。

写真／宮嶋茂樹

1日5分で超効率的に
全身を整えることができる！

海自隊員も毎日実践！
体調も姿勢も良くなる！

海上自衛隊
52
基礎体力UP！
疲れないカラダに！

いつでも誰でも、
狭い場所でもできる！
RESCUE

はじめに

「1日5分」で効果を実感できる！隊員が毎日実践している「最高の運動」

海上自衛隊体操とは、日常生活はもちろん、狭い艦上、艦内での生活で隊員の健康を確立し、体力を向上させることを目的に考案されたものです。じつに、80年以上の歴史があり、いまでも全国の海上自衛隊基地で、脈々と受け継がれ、日々必ず行われています。

この海上自衛隊体操は、毎日、厳しい仕事に臨む海自隊員の筋力・体力向上を支えているだけではなく、柔軟性アップや疲労回復など、さまざまなうれしい効果が期待できます。

この体操の特徴は、艦上等で行うことを前提に開発された体操のため、道具を使わずに、狭い場所で超効率的にカラダを動かすことができる点にあり

ます。つまり、思い立ったその時に、いつでもどこでも誰でもできるのです。しかも、その体操はたった5分でOK！　これこそが、「最高の運動」と称される理由でもあります。

本書では、海上自衛隊の隊員たちが日々行っている『海上自衛隊体操』を構成する18の動きについて詳しく紹介しています。

また、海上自衛隊全面協力のもと、正しい動きが確認できるDVDも制作しました。普段はあまり見ることができない、さまざまな基地での体操が号令付きで収録されていますので、ぜひ参考にしてください。

さらに、目的別プログラムも後半に紹介しています。海上自衛隊体操をすべて行う必要はありませんので、忙しい方はこちらにトライしてみることをオススメします。

海上自衛隊体操を毎日続ける中で、あなたは、その効果の大きさに驚くはずです。肩こり・腰痛が軽減した、姿勢が良くなった、お腹まわりがスッキリした、階段の上り下りが苦でなくなったなど、生活の中で自分のカラダが変わっていくのを、ぜひ実感してください。

CONTENTS

PROLOGUE Let's try! みんなの海上自衛隊体操……4
はじめに……8
海上自衛隊体操のここがスゴイ！……14

第1章 誰でもかんたん！海上自衛隊体操をマスターしよう！

海上自衛隊体操の流れ……20
1 「膝を曲げ伸ばせ」ケガ予防のために、ふくらはぎを柔軟に……22
2 「背伸びの運動」伸びて胸を張り、姿勢を美しく……24
3 「頭の運動」首まわりをやわらかく、しなやかにⅠ……26
4 「肩をまわせ」こりやすい肩をしっかりとケア……28
5 「その場跳び」軽快に弾んでバランスを整える……30
6 「斜上振もも上げ」「グリコポーズ」で体幹を強化！……32
7 「腕を曲げ伸ばせ」肩関節の可動域を広げよう……34
8 「頭を曲げまわせ」首まわりをやわらかくしなやかにⅡ……36

9 「胸を反らせ」大胸筋のストレッチで姿勢を整える……38
10 「直角ねん転」腰まわり、肩まわりの筋肉を刺激……40
11 「よこに曲げ」体側にしっかりと伸びを感じよう……42
12 「前後に曲げ」腰まわりの関節の可動域を広げる……44
13 「体ねん転斜前屈伸」体幹部の動きをなめらかに！……46
14 「直角上下振」カラダの伸びを感じながら胸を開く……48
15 「腕回旋前倒前屈伸」（まとめた運動）全身運動で代謝量をアップさせよう……50
16 「4拍子跳び」弾みながら全身を連動させる……54
17 「腕振り膝を曲げ」下半身のクッション性を養おう……56
18 「腕前回し深呼吸」（呼吸の調整）できるだけ多く酸素を摂取する……58

第2章 海上自衛隊体操 目的別プログラム

1 出社前、帰宅直後にカラダを「シャキッ」とさせたい！……62
2 カラダの代謝を一気にアップさせる！……64
3 腰痛、肩こりをやわらげる、未然に防ぐ！……66
4 ちょっとした「スキマ時間」を利用！　筋肉のこりをほぐす！……68
5 体幹部に刺激を入れて、しっかりと筋力を強化！……70
6 運動前のウォーミングアップにやっておきたい！……72

CONTENTS

第3章 もっと知りたい！海上自衛隊体操Q＆A

Q 「海上自衛隊体操」を続けることで、やせることはできるでしょうか？……76
Q 最低限どれくらいやれば効果はありますか？……77
Q ついつい背中を丸めてしまいます。どうすれば直せるでしょうか？……78
Q ゆっくりと体操をしても効果はありますか？……79

COLUMN
海上自衛隊体操の歴史……53
海上自衛隊体操「ショートバージョン」……60
「海上自衛隊体操」×「食」を考える……74

みんなの海上自衛隊体操　DVD の使い方

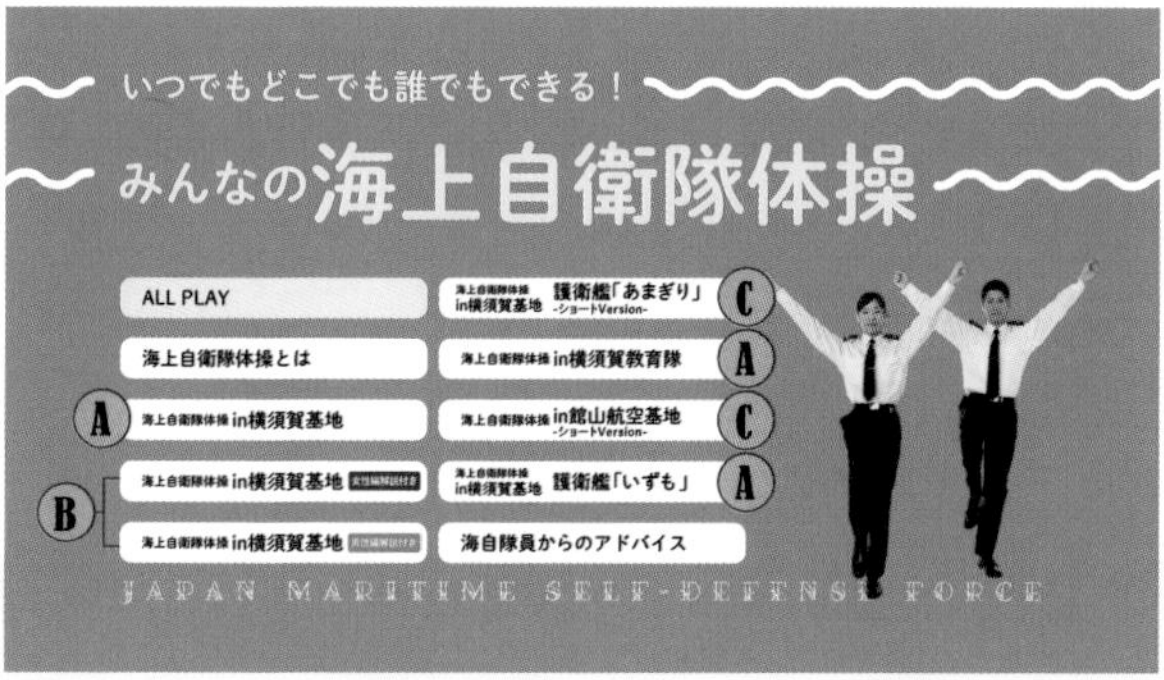

A

海上自衛隊体操
（フルバージョン）

３つの場所で、海上自衛隊体操全18種目の一連の流れをノーカットで紹介。気分によって３種類の中から動画を選んで、動きに合わせて体操を行いましょう。

B

海上自衛隊体操
（男女別・解説付き）

男女各１名ずつ、簡単な解説付きで体操を解説しています。正しい動きを確認したい際は、この動画をご覧ください。

C

海上自衛隊体操
（ショートバージョン）

60 ページで紹介する海上自衛隊体操のショートバージョンの動画も２種類用意しました。時間のない時はこの動画を見ながら体操にレッツトライ！

必ずお読みください

- 本書は、健康的な成人を対象に作成しています。本書及び本 DVD に収録された海上自衛隊体操を行う際には、ご自身の体調を踏まえて実践してください。
- 海上自衛隊体操の途中で体調が悪くなったり、痛みが生じた場合は、いったん中止して専門医にご相談ください。
- 体調に不安のある方、持病のある方は、必ず医師の許可を得てから体操を行ってください。
- 海上自衛隊体操の効果には、個人差があります。

DVD-Video についての注意事項

- DVD はシールをはがして不織布から取り出してください。また、シールの粘着面がディスクに付着しないように注意してください。
- 本 DVD には、DVD-Video 対応プレイヤーで再生可能な映像と音声が収録されています。DVD ドライブ付き PC やゲーム機などの一部の機種では、再生できない場合があります。
- 再生上の詳しい取り扱いについては、ご使用になるプレイヤーの取り扱い説明書をご覧ください。再生上に生じた不明点は、プレイヤー製造会社にお問い合わせください。
- 本 DVD の映像は、16:9 画面サイズで収録されています。
- 本 DVD は家庭内鑑賞にのみにご使用ください。本 DVD に収録されているものの一部でも権利者の許可なく無断で複製・改変・転売・転貸・放送（有線・無線）・インターネットなどによる公衆送信・上映・レンタル（有償・無償問わず）することは禁止されており、違反した場合、民事上の制裁および刑事罰の対象となることもあります。
- 本 DVD に収録されている著作物の権利は、株式会社マガジンハウスに帰属します。

取り扱い上のご注意

- ディスクは両面とも、指紋、汚れ、キズなどをつけないように取り扱ってください。また、ディスクに対して大きな負荷がかかると微小な反りが生じ、データの読み取りに支障をきたす場合がありますのでご注意ください。
- ディスクが汚れた時は、眼鏡拭きのような柔らかい布で内側から外側に向かって放射状に軽く拭き取ってください。レコード用クリーナーや溶剤などは使用しないでください。
- ディスクは両面とも、鉛筆、ボールペン、油性ペンなどで文字を書いたり、シールなどを張り付けないでください。

保管上の注意

- 使用後は、必ずプレイヤーから取り出し、付属のシートに収めて、直射日光の当たる場所や自動車の中など高温多湿のところは避けて保管してください。

視聴の際のご注意

- 視聴の際は、明るい場所でなるべくテレビ画面から離れてご覧ください。長時間続けての視聴は避け、適度に休憩を取ってください。

40min	MPEG-2	片面１層	COLOR	複製不能

DVD VIDEO　16:9　2 NTSC 日本市場向

自衛隊体操のここがスゴイ！

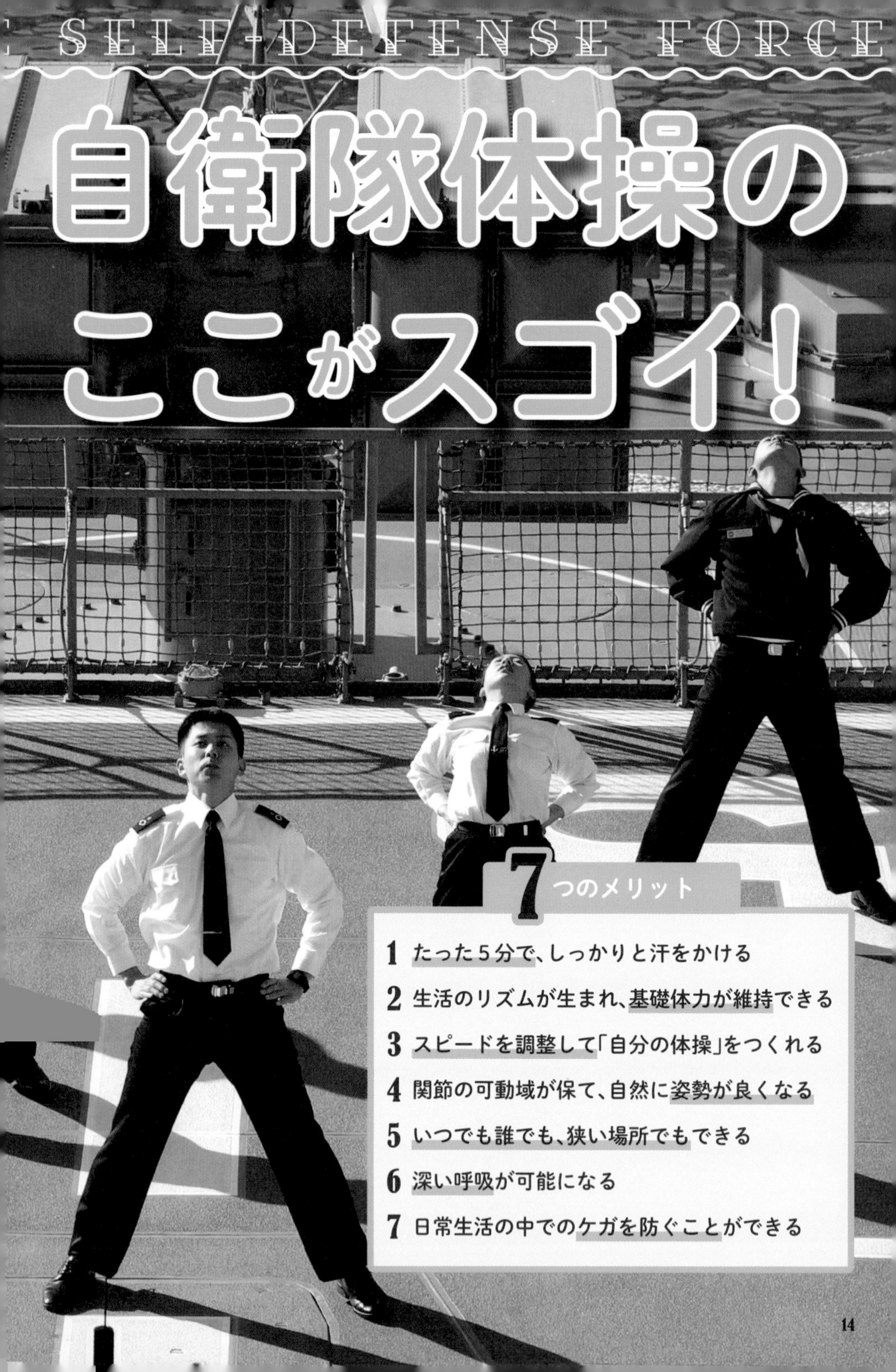

7つのメリット

1 たった5分で、しっかりと汗をかける
2 生活のリズムが生まれ、基礎体力が維持できる
3 スピードを調整して「自分の体操」をつくれる
4 関節の可動域が保て、自然に姿勢が良くなる
5 いつでも誰でも、狭い場所でもできる
6 深い呼吸が可能になる
7 日常生活の中でのケガを防ぐことができる

海上

1 たった5分で、しっかりと汗をかける

18の動きで構成される『海上自衛隊体操』は、ほとんどがシンプルな動きで誰もが行えます。一見すると簡単そうですが、実は、とても効率的にカラダを動かせる運動でもあるのです。

〈1膝を曲げ伸ばせ〉から〈18腕前回し深呼吸〉までを、大きくカラダを動かしてやってみてください。約5分でできますが、全身の筋肉がくまなく刺激されるため、十分にハードであることを実感できるはず。しっかりと汗をかけます。

2 生活のリズムが生まれ、基礎体力が維持できる

「海上自衛隊体操」を毎日、決まった時間に行うと生活のリズムを上手につくることができます。

たとえば、早起きして朝食の前に行えば、そこでカラダを活性化させるスイッチを入れることができ、意欲的に仕事や家事に取り組めるでしょう。ダラダラと一日を過ごしてしまうことがなくなります。同時に、基礎体力が維持でき、加齢によるパフォーマンスの低下も抑えられるのです。

3 スピードを調整して「自分の体操」をつくれる

全力でカラダを動かせば、わずか5分の体操でしっかりと汗をかけると**1**（15ページ参照）で記しました。しかし、「体操のスピードが速すぎる」「全力でやると強度が高すぎる」と感じる方もいらっしゃることでしょう。

そんな時は、自分で上手に体操のスピード、強度を調整しましょう。しっかりと体幹の動きが意識できれば、ゆっくりでも、また強度を弱めても構いません。「自分の体操」がつくれます。

4 関節の可動域が保て、自然に姿勢が良くなる

筋力を強化するだけではなくストレッチの効果も「海上自衛隊体操」には含まれています。特に腕をしっかりと曲げ伸ばす、あるいはひねることで筋肉がほぐされ肩まわりの関節の可動域が広がる（もしくは保たれる）のです。

さらに、肩甲骨を意識して動かし、しっかりと胸を張ることで自然に姿勢が良くなり、ねこ背を防ぐこともできます。姿勢が良くなると、見栄えも変わります。

5 いつでも誰でも、狭い場所でもできる

広いスペースがなくてもできるのが、「海上自衛隊体操」の特長のひとつ。艦上等の狭い場所でも、しっかりとカラダを動かせるように考えられています。

また、難しい動きもありませんから「いつでも誰でも、狭い場所でも」体操ができるのです。

ちょっとしたスキマ時間にオフィスで、家事の合間にキッチンで、バスを待つ時間でもやってみましょう。

6 深い呼吸が可能になる

あなたは体内に、しっかりと酸素を取り込んでいますか？　呼吸が浅くなってはいませんか？

実は、ほとんどの人が深く呼吸することを意識していません。

内臓の働きを活性化させ、代謝を促すためにも深い呼吸は不可欠。〈9胸を反らせ〉〈18腕前回し深呼吸〉で深い呼吸を身につけ、酸素を十分に体内に取り込むようにしましょう。

7 日常生活の中でのケガを防ぐことができる

年齢を重ねると、あるいは運動が不足した生活を続けていると、ちょっとしたことでケガをしやすくなります。

「つまずいて前に倒れて歯を折ってしまった」「階段ですべって腰を傷めた」……。そんなことにならないようにしたいものです。

ならば、『海上自衛隊体操』を毎日行いましょう。体幹主導でしっかりとカラダを動かしておくことで反射神経が養われ、それによりあなたのカラダが守られます。

第1章

誰でもかんたん！海上自衛隊体操をマスターしよう！

海上自衛隊体操は、それぞれの動きを
基本的に３～４回ずつ行うことで効率的にカラダを
動かしていきます。本書とDVDを見て、正しい動きを確認してください。

海上自衛隊体操の流れ

1から4までが準備運動、5から8までは誘導過程、9から16が主要過程、17・18が終末過程（整理運動）という位置づけです。トータルで約5分。動きは3～4回ずつ、丁寧かつリズミカルに！　全身の筋肉にしっかりと刺激を与えていきましょう。

START!

準備運動

1 膝を曲げ伸ばせ

2 背伸びの運動

3 頭《かしら》の運動

4 肩をまわせ

誘導過程

5 その場跳び

6 斜上振もも上げ

7 腕を曲げ伸ばせ

8 頭《かしら》を曲げまわせ

9 胸を反らせ

10 直角ねん転

11 よこに曲げ

12 前後に曲げ

13 体ねん転 斜前屈伸

主要過程

14 直角上下振

15 腕回旋前倒 前屈伸 （まとめた運動）

16 4拍子跳び

主要過程

17 腕振り 膝を曲げ

18 腕前回し 深呼吸 （呼吸の調整）

終末過程（整理運動）

FINISH!

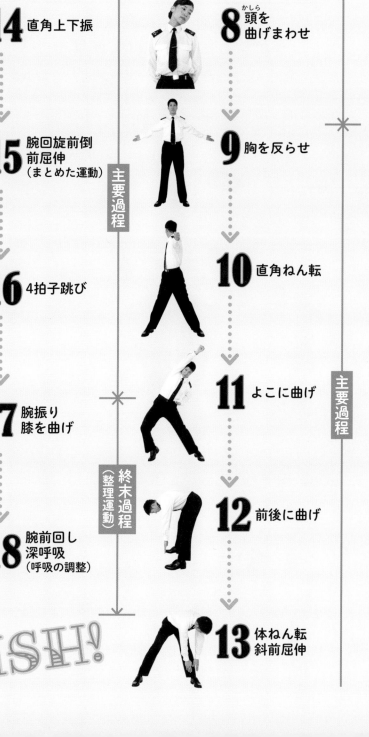

1「膝を曲げ伸ばせ」ケガ予防のために、ふくらはぎを柔軟に

ヒザを曲げる際には腰を落とすこと

ふくらはぎ、ヒザまわりの筋肉をやわらかく保ちましょう。曲げて伸ばす屈伸運動は、毎日行う必要があります。それにより、下半身の柔軟性を維持できるのです。

注意点は、ヒザを曲げた際に腰を落とすこと。中腰状態で一度静止することで体幹も強化できます。また、ヒザを伸ばした際には、太ももの裏側にしっかりと伸びを感じましょう。視線は正面に向けたまま行います。

視線を正面に向け、
しっかりとヒザを曲げて伸ばそう
1

ヒザを曲げた姿勢からスタート。視線は正面に向ける。

横から見ると…

1

ヒザを曲げている時、カカトは床につける。

2

ヒザを伸ばした際には太ももの裏側もしっかりと伸ばす。視線は正面に。

2

視線を正面に向けたままヒザを真っすぐに伸ばす。

NG

カカトが浮いているとふくらはぎを伸ばせない

ヒザを曲げた時にカカトを浮かせてはいけない。

ここに効きます！

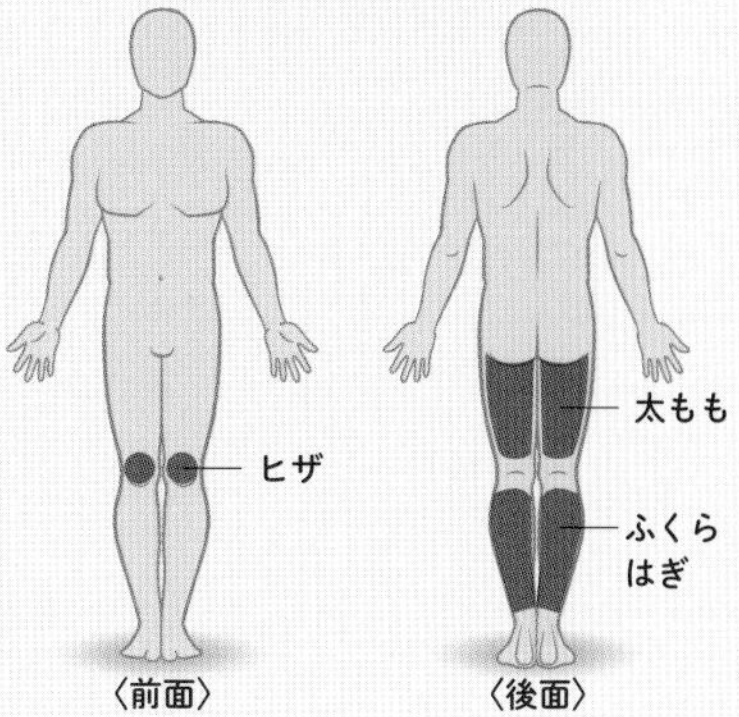

2 「背伸びの運動」
伸びて胸を張り、姿勢を美しく

上体をしっかりと伸ばし「美しい立ち姿」を実現

パソコンやスマートフォンを多用する現代社会では、姿勢が悪い人が目立ちます。それは、長時間にわたり肩を前に出し胸を閉じ、背中を丸めてしまっているからです。上体をしっかりと伸ばして姿勢を正しましょう。

　姿勢を正すだけでも人の見栄えは大きく変わります。胸の開きと同時に肩甲骨の動きも意識しながら行ってください。

1
両手を真上に伸ばした姿勢からスタート。

2
ヒジを曲げて両腕を下ろす。上腕と床が平行になったところで止める。

4

両腕を下ろす。この際には肩の力を抜いてリラックス。

3

両腕を前方へ真っすぐに伸ばす。

POINT

カカトは浮かせる！

スタート姿勢でカカトは浮かせる。

脇の角度は90度に！

3の時は力を込めて腕を前方に真っすぐ伸ばす。角度は90度に！

ここに効きます！

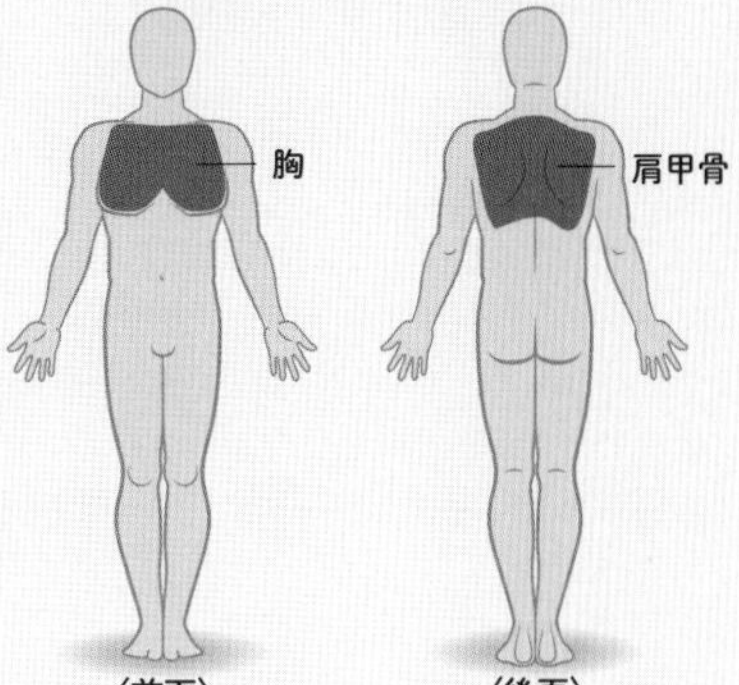

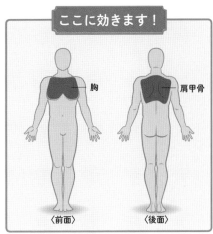

3 「頭《かしら》の運動」

首まわりをやわらかく、しなやかにⅠ

1

真っすぐに立つ。両足を肩幅程度に開き、両手を背後で組む。

視線の高さを変えずに
首を左右にしっかりとまわす

頭の位置を移動させるために、「頭《かしら》の運動」と呼ばれていますが、実際に動かすのは首まわりです。

真っすぐに立ち、両手を背後で組んだスタート姿勢から首を左右にまわしてみましょう。真横ではなく、できる限り後方へとまわします。

視線の高さを変えないこと、上半身をひねらずに首から上を動かすこと。この2点に注意して行ってください。

視線の高さを変えずに
首を左右にまわす

3

右側にも首をまわしてみよう。できる限り視線を後方に向けるようにする。

2

カラダは正面に向けたまま、視線の高さは変えずに首を左にまわす。

NG

上半身をまわすのではない！

体幹部を左右に動かしてはいけない。首だけをまわそう。

ここに効きます！

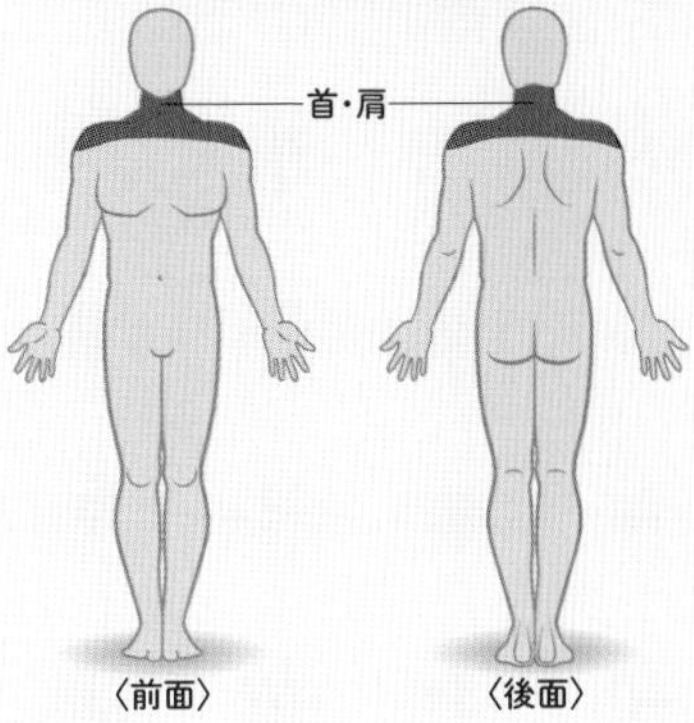
首・肩
〈前面〉
〈後面〉

4 「肩をまわせ」

こりやすい肩をしっかりとケア

肩甲骨の動きを意識して肩を前後にまわす！

リラックスした状態から肩を前後にまわします。最初に肩を後ろにまわし、その後で前にまわしていきましょう。

ポイントは、肩に力を入れすぎないこと。単に肩を動かすのではなく、肩甲骨が動いていることを確認しながら行うことが重要です。

視線は正面に向け、背中を丸めずに行ってください。座って行ってもOKです。

力を抜いてリラックスしてやってみよう

1

リラックスした状態で真っすぐに立つ。視線は正面に向けたスタート姿勢。

2

視線を正面に向けたまま肩をまわす。肩甲骨の動きも意識しよう。

3

後ろにまわした後、前にもまわす。腹部に力を込め、肩まわりだけを動かそう。

NG

背中が丸まっている

視線を下に向けると肩が丸まってしまう。この状態では肩をしっかりとまわせない。

OK

背中のラインは真っすぐ

視線を正面に向け、背すじを伸ばした姿勢で行うと可動域が広がり、さらに肩をまわせる。

ここに効きます！

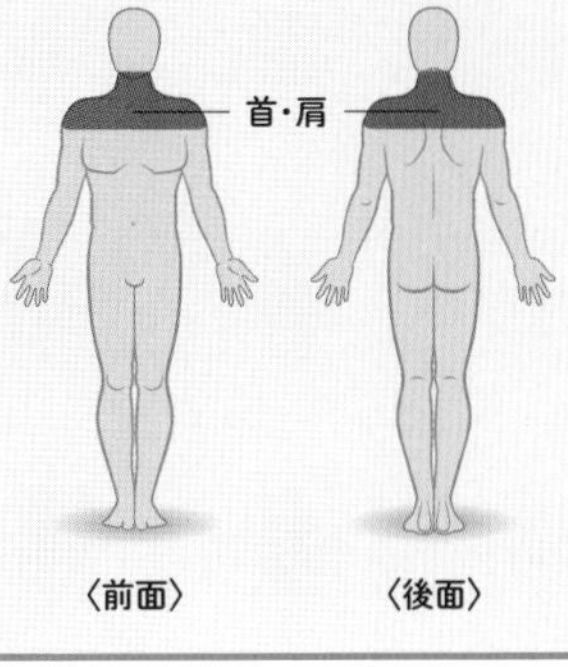

5「その場跳び」軽快に弾んでバランスを整える

頭のてっぺんが天井に引き上げられるイメージで！

一定の場所でカラダを弾ませます。

肩の力を抜いて真っすぐに立った状態から、頭のてっぺんが天井に引き上げられるイメージで小刻みにジャンプしてみましょう。視線は正面に向け、背中のラインは真っすぐに保ち軽快に行います。

高く跳び上がる必要はありません。つま先が床から離れるか離れないか程度に弾んでください。カラダのバランスを調整します。

1

視線を正面に向け真っすぐに立ち、つま先をそろえたスタート姿勢。肩の力を抜いてリラックス！

NG

高くジャンプするのではない

無理に足を床から浮かせる必要はない。高く跳び上がるのではなく、リズミカルに小刻みにカラダを弾ませてみよう。

2

肩の力を抜いた状態のまま小刻みに上下にカラダを弾ませる。つま先が床から離れるか離れないか程度に。

横から見ると…

1

自然体で立つ。肩に力を入れず、リラックスした状態を保とう。

2

背中のラインを真っすぐに保ったまま、カラダを上下に弾ませる。しっかりと胸を張ってやってみよう。

ここに効きます！

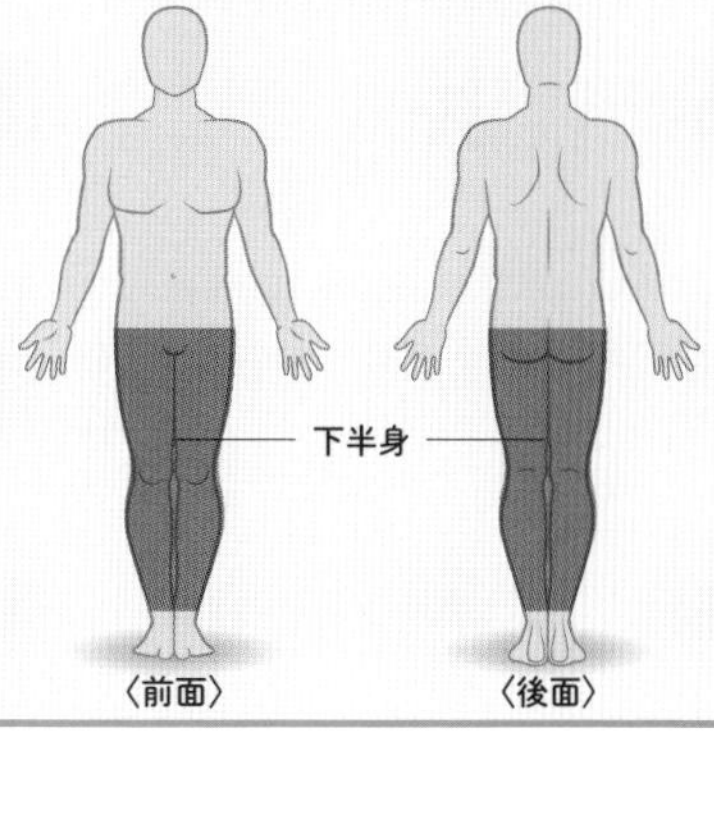

6 「斜上振《しゃじょうしん》もも上げ」

「グリコポーズ」で体幹を強化！

1

真っすぐに立ち、両腕を前でクロスさせたスタート姿勢。

2&4

視線は正面に向けたまま両腕を斜め45度に広げる。

3

ヒザを曲げ、両カカトはわずかに浮かせて両腕を前でクロスさせる。

腹筋に力を込めて体幹を意識しながら動く

単に手足を動かすのではありません。腹筋に力を込めて体幹部を意識しながら行います。

〈**2&4**〉で両腕を斜め上に広げた時と、〈**6**〉の〝グリコポーズ〟では、両足、片足のカカトを浮かすほどに大きくカラダを動かしましょう。

また〈**6**〉では、片ヒザを高く上げた状態でバランスを上手に保ちます。毎日行う中で、あなたの体幹力が強化されていきます。

片足でバランスを保ち、しっかりと胸を張る！

5

両腕をカラダの前でクロスさせる。

6

再び両腕を斜め45度に広げ、左ヒザを高く上げる。

7

左脚を下ろし、両腕をカラダの前でクロスさせる。

8

両腕を斜め45度に広げ、今度は右ヒザを高く上げる。

POINT

ヒザの角度はしっかり90度に

ヒザを上げた際の角度は90度。この姿勢で一時停止することで、しっかりと体幹を強化できる。

ここに効きます！

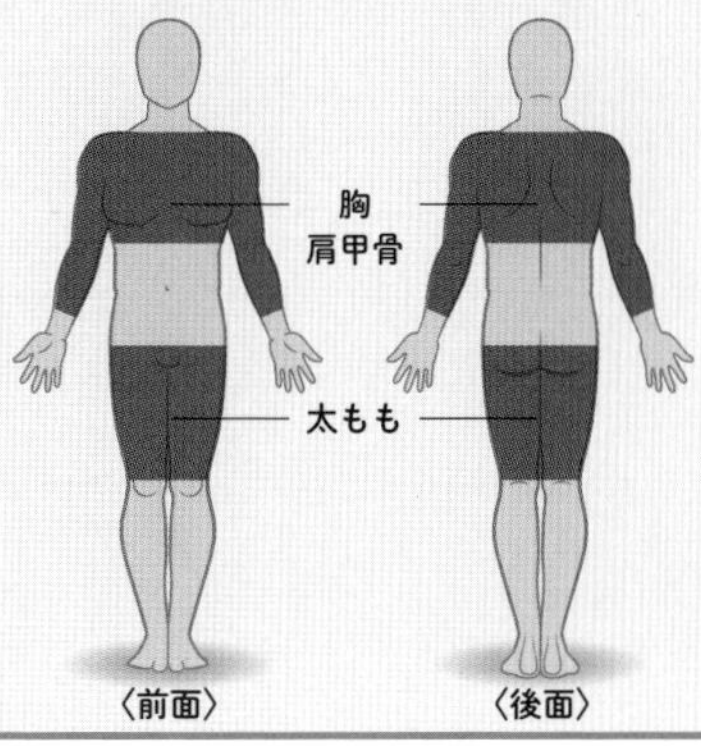

7 「腕を曲げ伸ばせ」

肩関節の可動域を広げよう

1

真っすぐに立ち、両手の指を肩にのせたスタート姿勢。

2

両腕を真上に伸ばす。指先が天井に引っ張られるイメージで。

3

肩に両手の指をのせる。視線は正面に向けたまま。

両腕をしっかりと伸ばし上半身の筋肉をケア

両腕を上、左右、前にしっかりと伸ばす動作を繰り返し行うことで、上半身の筋肉に刺激を与えます。それと同時に肩関節の可動域も広げていきます

〈2〉〈4〉〈6〉では、腕を伸ばした方向に指先も真っすぐに伸ばします。

前腕部をダラリと下げて、単に腕を動かすだけでは効果がありません。肩関節の動きも感じながらやってみてください。

指先をしっかりと伸ばす！

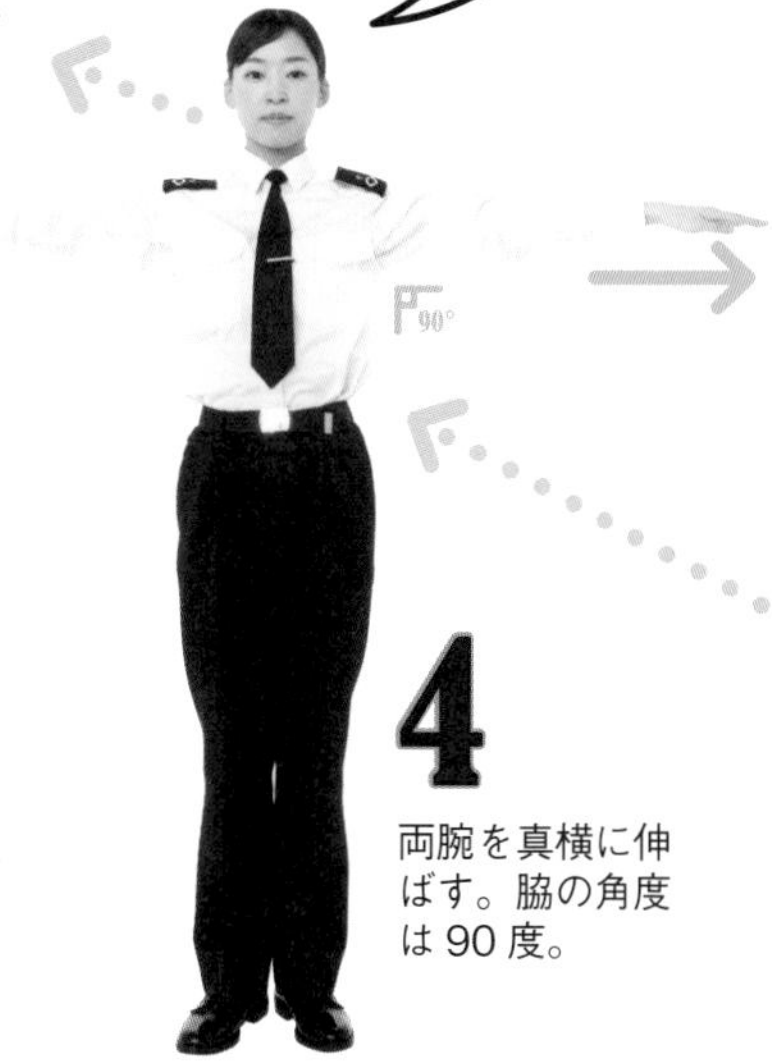

4

両腕を真横に伸ばす。脇の角度は 90 度。

5

肩に両手の指をのせる。

6

正面に両腕を真っすぐに伸ばす。脇の角度は 90 度。

7

肩に両手の指をのせる。

8

両腕を下ろす。肩の力は抜いてリラックスした状態を保つ。

NG

腕を下げないように注意！

両腕を左右に伸ばす際に、やじろべえのような形になってはいけない。指先は左右に真っすぐに伸ばすよう心がけよう。

ここに効きます！

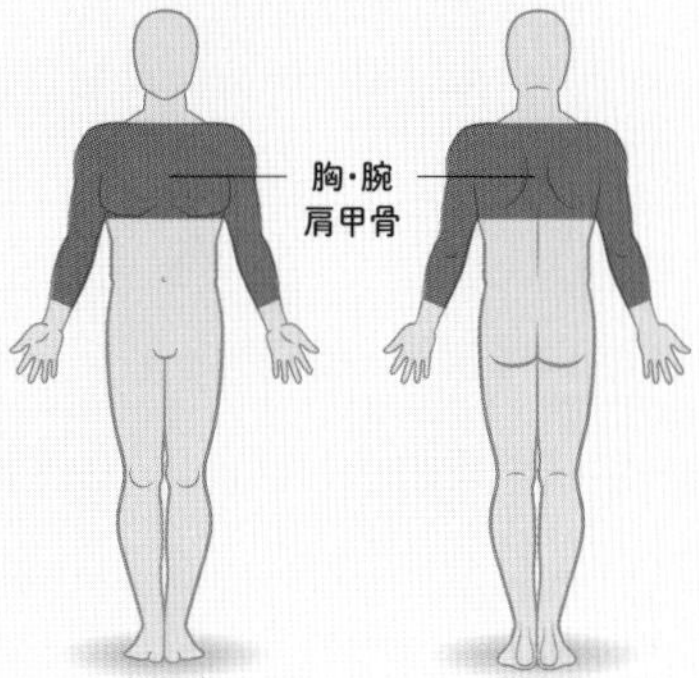

8 「頭《かしら》を曲げまわせ」
首まわりをやわらかくしなやかにⅡ

1
真っすぐに立ったスタート姿勢。肩幅程度に足を開き、両手を背後で組む。

2
頭部を後方に倒す。肩は動かさないように注意。

体幹部は固定したまま
肩の力を抜き首をまわす

首まわりの筋肉が硬くなると、肩こりが生じる可能性が高くなり、また、ねこ背の原因にもなります。しっかりと曲げ、伸ばして首まわりに柔軟性を宿しておきましょう。

ポイントは、首だけをまわすこと。首の動きにつられて肩を一緒に動かしてはいけません。体幹部は固定したまま行います。肩の力を抜いたリラックスした状態でやってみて下さい。

頭部を後方に倒した後、首をゆっくりとまわしていく。体幹部を固定したまま、できるだけ大きく首を動かそう。

NG

高い位置で両手を組む

手を組む位置が高くなってしまうと、肩に力が入りやすいので注意しよう。

OK

お尻の上で両手を組む

手を組む位置を、お尻の少し上あたりにするとリラックスできる。

ここに効きます！

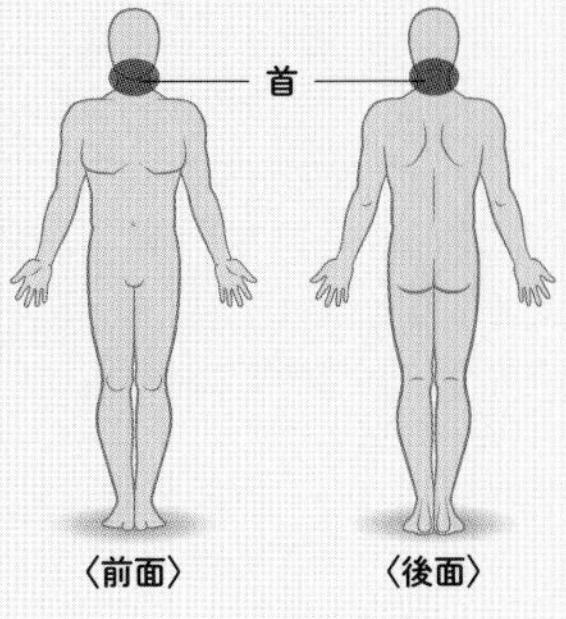

9

「胸を反らせ」大胸筋のストレッチで姿勢を整える

1

真っすぐに立ち、両足を肩幅程度に開いたスタート姿勢。両腕はカラダの前でクロスさせる。

手のひらは正面に向け
肩甲骨を中央に寄せる

視線を正面に向けて真っすぐに立ち、両手を前で交差させた状態から始めます。この後、両腕を左右に広げて、しっかりと胸を反らしましょう。

この際に手のひらは外側に向けます。この時に、お腹を突き出してカラダを後傾させてはいけません。胸部の筋肉に意識を置いて、肩甲骨はしっかりと寄せてください。

視線を正面に向け、
胸を前に突き出すイメージで！

2

両腕を斜め45度に開いて、しっかりと胸を張る。

POINT

肩甲骨を寄せてしっかりと胸を張る

胸を張るときには肩甲骨の動きを意識しよう。

ここに効きます！

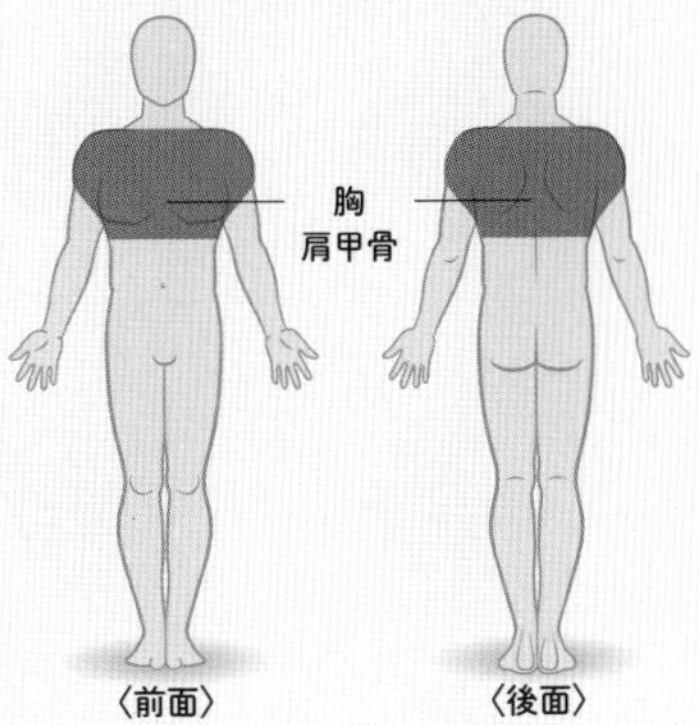

10 腰まわり、肩まわりの筋肉を刺激

「直角ねん転《てん》」

1
足幅を大きく開き、前方に腕を伸ばしたスタート姿勢。
2
上体だけを左に反転させる。
3
スタート姿勢に戻る。視線は正面に向ける。

下半身を固定して上半身を大きくまわす

首まわり、肩まわりの筋肉を硬くしたままでいると、肩こりが生じやすくなります。同じように腰まわり、背中の筋肉を硬化させておくと腰痛を引き起こしかねません。ここでは、その両方の筋肉に刺激を与え強化し、また柔軟にしていきます。

下半身は固定。上体を反転させる際には、視線を真後ろに向けます。また両足のカカトも浮かせないように注意しましょう。

しっかりと腰をひねり
視線は真後ろに向ける！

4

両腕を下ろす。
肩の力は抜いて
リラックス。

5

スタート姿勢に
戻る。

6

上体を左に
反転させる。

7

スタート姿勢に
戻る。

8

両腕を下ろす。
視線は正面に向
けたまま。

ここに効きます！

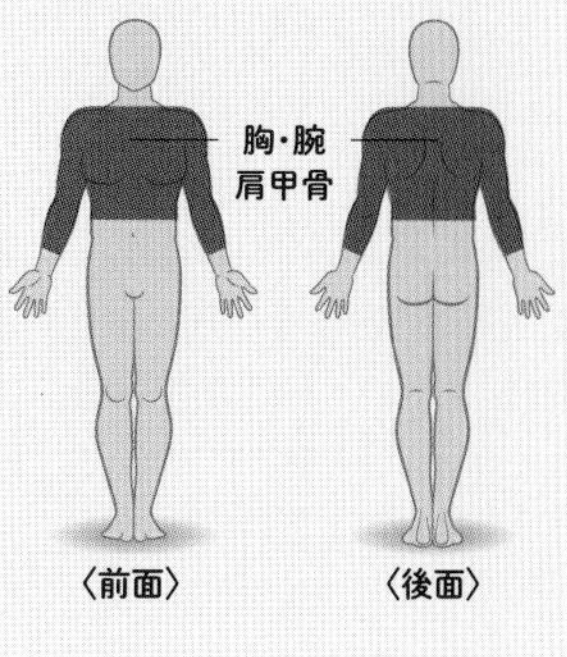

11「よこに曲げ」体側にしっかりと伸びを感じよう

カラダを左右に傾けて腹斜筋に刺激を与える

2

両腕を左右に開きしっかりと胸を張る。

1

足幅を大きく開き、前方に腕を伸ばしたスタート姿勢。

腹直筋《ふくちょくきん》（お腹の筋肉）は意識しても、腹斜筋《ふくしゃきん》（横っ腹の筋肉）は、あまり意識していないという人が多いのではないでしょうか。

「最近、お腹が出てきたなぁ。凹ませなきゃ」

そう感じているなら、腹直筋だけではなく、腹斜筋にも、しっかりと刺激を与えておく必要があります。〈4〉のポーズをとる際には、めいっぱい腹斜筋の伸びを意識してください。

3

両腕を下ろす。肩の力は抜いてリラックス

腕を耳にかぶせるようにして
カラダを左右に曲げる

4

左手を腰に置き、右腕は上げて、カラダを左側へと倒す。右腕は右耳に密着させよう。この後、左右逆パターンも行う。

NG

単に左右に倒すだけではダメ！

カラダを単に左右に倒すのではない。腕を耳に密着させて、体側にしっかりと伸びを感じる必要がある。

ここに効きます！

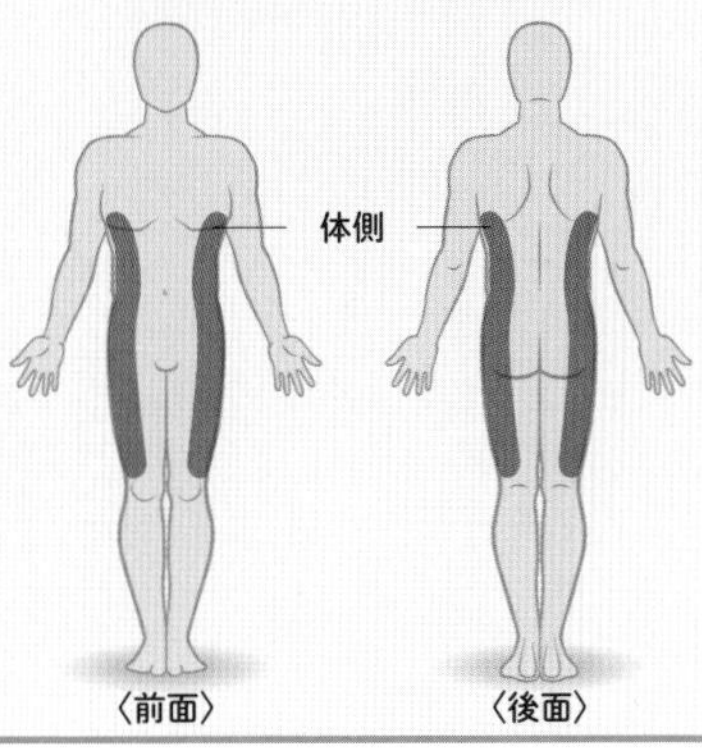

12「前後に曲げ」腰まわりの関節の可動域を広げる

上半身をできる限り前後に倒してみよう！

一見すると、シンプルな動きですが、カラダをめいっぱい稼働させると結構ハードです。

しっかりと上体を前に倒し、その後、可能な限り後方へ反らせましょう。

〈1〉で前屈する際には、指が床につくのが理想ですが、できる範囲で上体を前に倒せばOKです。〈3〉で上体を後方に反らせる時は、視線を真上に向けましょう。

1

前屈姿勢からスタート。ヒザを曲げずに上体をできる限り前方に倒す。

2

上体を持ち上げる。視線は正面に向け、肩の力は抜いてリラックス。

正面から見ると…

上体を前に倒した後、後ろに倒す。骨盤の前傾、後傾を意識しながらやってみよう。腰まわりの柔軟性を養える。

できる限り後方に上体を反らす！

3

腰に両手をあて、上体をできる限り後方に反らせる。**2**の姿勢に戻った後、再び前屈を行う。

ここに効きます！

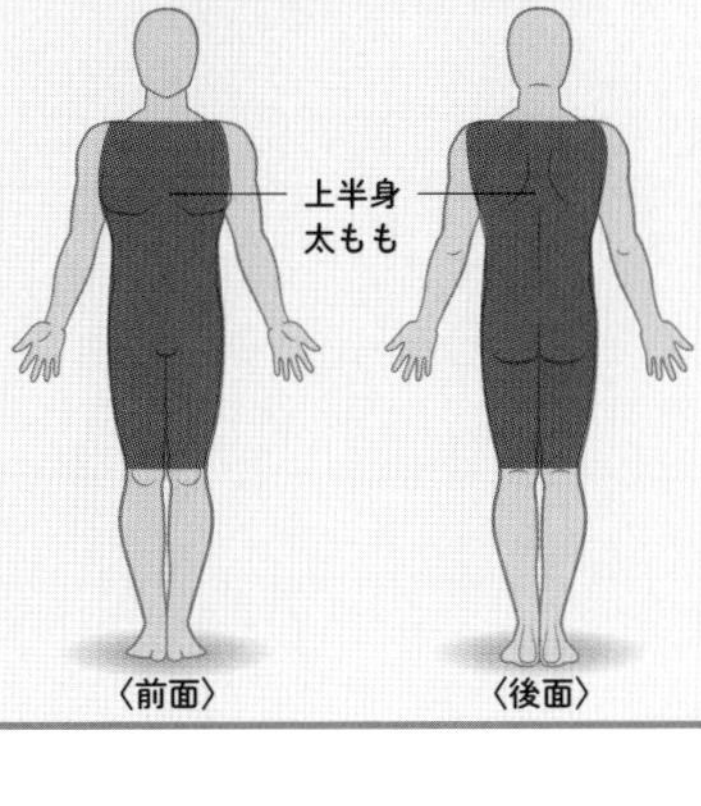

13 「体《たい》ねん転《てん》斜《しゃ》前《ぜん》屈《くっ》伸《しん》」

体幹部の動きをなめらかに！

上半身を大きくまわし
体幹を効率よく強化！

大きな動きを心がけて体幹部に刺激を与えます。下半身は固定したままで、上半身をめいっぱい動かしましょう。

〈4〉～〈6〉では上半身を大きくまわします。この時、ヒジは曲げないように注意。意識は腹筋に置き、視線は天井に向けてください。〈7〉⇕〈8〉の動作は、つま先に向けて指をしっかりと伸ばして4回行います。リズミカルに動いてみましょう。

1 両足を大きく開き、腕を下ろしたスタート姿勢。

2 上体を左側にひねり腕を大きく後方へと振る。

3

上体を右後方へひねり、腕を大きく後方へと振る。

4

1の姿勢に戻った後、上半身を時計まわりに大きく回転させる。

5

ヒジを曲げることなく腕をまわそう。

6

できるだけ大きく動くように心がけよう。

8

フィニッシュ姿勢。この後、左右逆パターンもやってみよう。

つま先に向けて指をしっかりと伸ばす

7

両腕を左足にそわせるようにして前屈。４回行う。

ここに効きます！

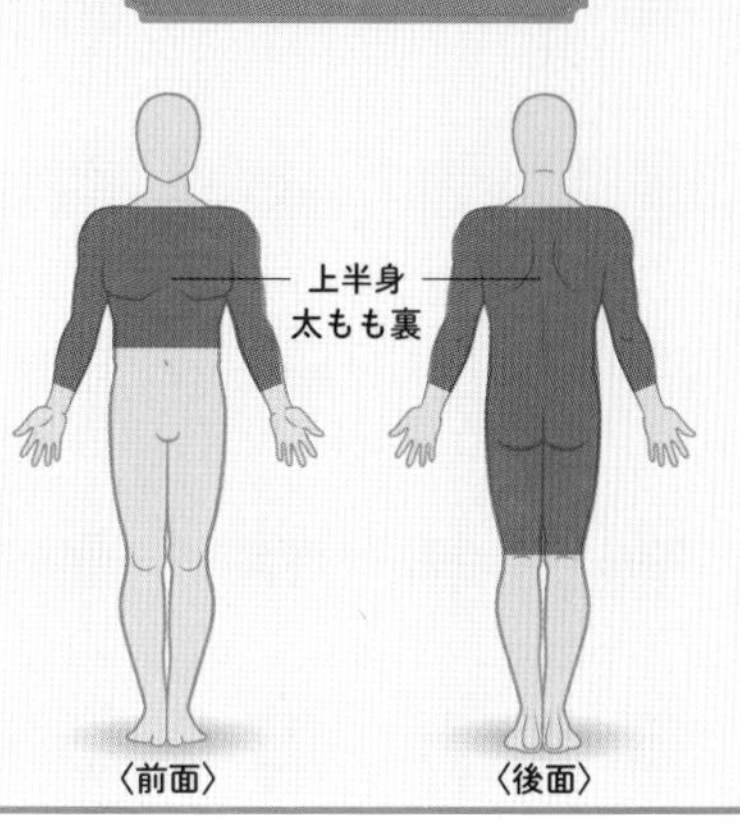

14 「直角上下振《じょうげしん》」

カラダの伸びを感じながら胸を開く

姿勢を正しく整えて ねこ背になるのを防ぐ

体幹部をしっかりと伸ばし、全身のコンディションを整えます。日常生活において、私たちはついつい、カラダの末端部分（手先、足先）だけを使って動作しがちです。でも、それでは姿勢が崩れていってしまいます。

両腕を左右に伸ばす際にはしっかりと胸を開き、両腕を上に伸ばす際には背中の筋肉を意識しましょう。ねこ背になることを防ぐ効果もあります。

1

視線を正面に向け真っすぐに立ち、ヒジを曲げずに両腕を前方に伸ばしたスタート姿勢。

2

両腕を真横に広げる。この時、両腕と床が平行になるように心がけよう。

3

両腕を前方に伸ばす。伸ばした腕のヒジは曲げないように注意。

4

両腕を真上に伸ばす。視線は正面に向け、カカトを上げて、しっかりとカラダの伸びを感じよう。

カカトを上げて、できる限り上体を伸ばそう

NG

腕の位置が低くならないように！

2 の際に腕の位置を下げてはいけない。両腕が床と平行になるように、しっかりと伸ばそう。

ここに効きます！

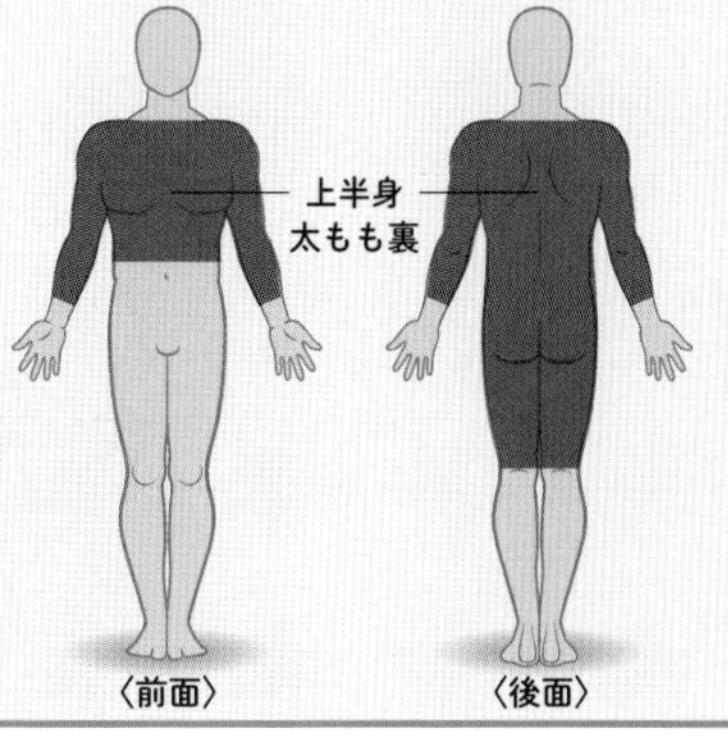

15 「腕《うで》回旋《かいせん》前《ぜん》倒《とう》前《ぜん》屈伸《くっしん》」（まとめた運動）

全身連動で代謝量をアップさせよう

1
視線を正面に向けて真っすぐに立ち、両腕を前に伸ばす。

2
視線を正面に向けたまま、両腕を同時に下ろす。

8カウントで全身を大きく動かしてみよう

最初に上半身を大きく動かし、その後、下半身を連動させます。全身運動ですから、連続して行えば、代謝量アップが期待できます。

動きが少々複雑になりますが、大切なのは体幹主導でカラダを動かすこと。腹筋に力を込めながら丁寧に動作してみましょう。体操はとくにですが、付属のＤＶＤで動きをしっかりと見て、８カウントでやってみてください。

3

両腕を左右に広げて、しっかりと胸を張る。

4

3 の後、一度両腕を前に伸ばす。その後、両腕を前から後ろに大きくまわす。

5

後ろから前へも腕をまわす。

6

顔と床が平行になるように頭部と上体を傾け、両腕は真っすぐ前に伸ばす。

ここに効きます！

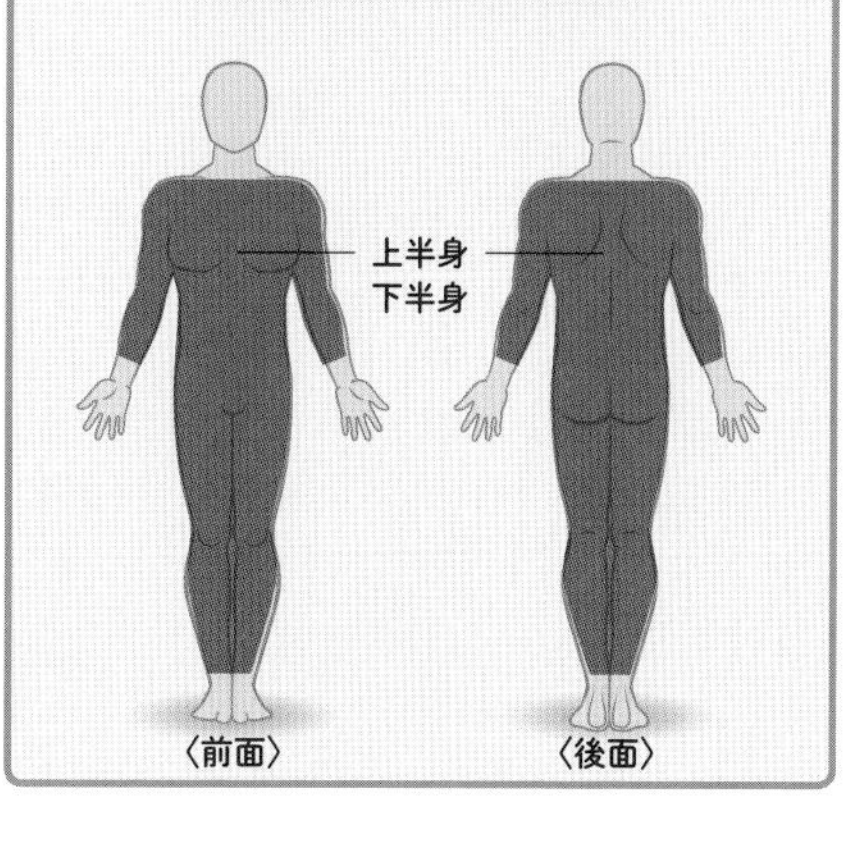

8

両ヒザを曲げると同時に両腕を下ろす。蹲踞（そんきょ）の姿勢。

7&9

視線を正面に向けて真っすぐに立つ。

上半身と下半身を連動させよう！

POINT

蹲踞の姿勢では下を向き、背中を丸めてはいけない。視線は正面に向け、背中のラインは真っすぐに保とう。

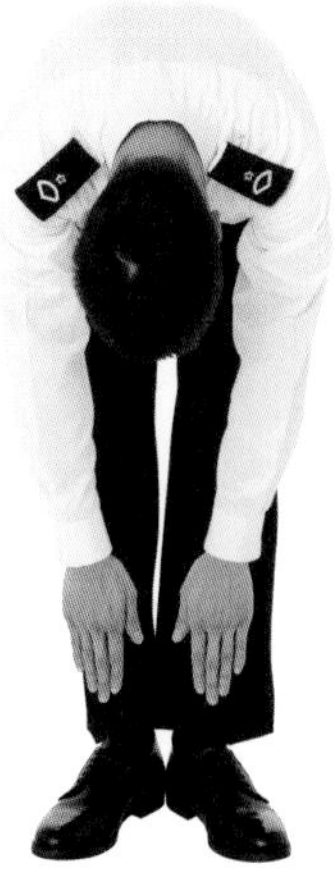

10

両ヒザを曲げることなく前屈。動きの反動も用いて上体をしっかりと前に倒そう。

COLUMN 1

海上自衛隊体操の歴史

海上自衛隊体操のルーツは、旧日本海軍で行われていた「海軍体操」です。考案者は、堀内豊秋・海軍大佐。

1931（昭和６）年、海軍教官を務めていた堀内は、海軍の体力向上に対しての研究に取り組みます。そんな頃、デンマークからニルス・ブルック一行27名が来日し、岡山で「デンマーク体操」を実演しました。それを堀内も見学に行きます。

「これが、私が求め続けていたものだ！」

実演を観て感動した堀内は、さらに深く「デンマーク体操」を学び、これを狭い艦内でも行える体操へと改良していったのです。

そしてついに、1940（昭和15）年、「海軍体操」を完成させました。戦後においては、海上自衛隊の発足にともない、「海軍体操」をベースに、さらに改良が加えられ、現在の『海上自衛隊体操』に至っています。

本書で紹介しているのは、『海上自衛隊体操』第一ですが、実は、第五まであり、すべて行うと約２時間ほどかかります。

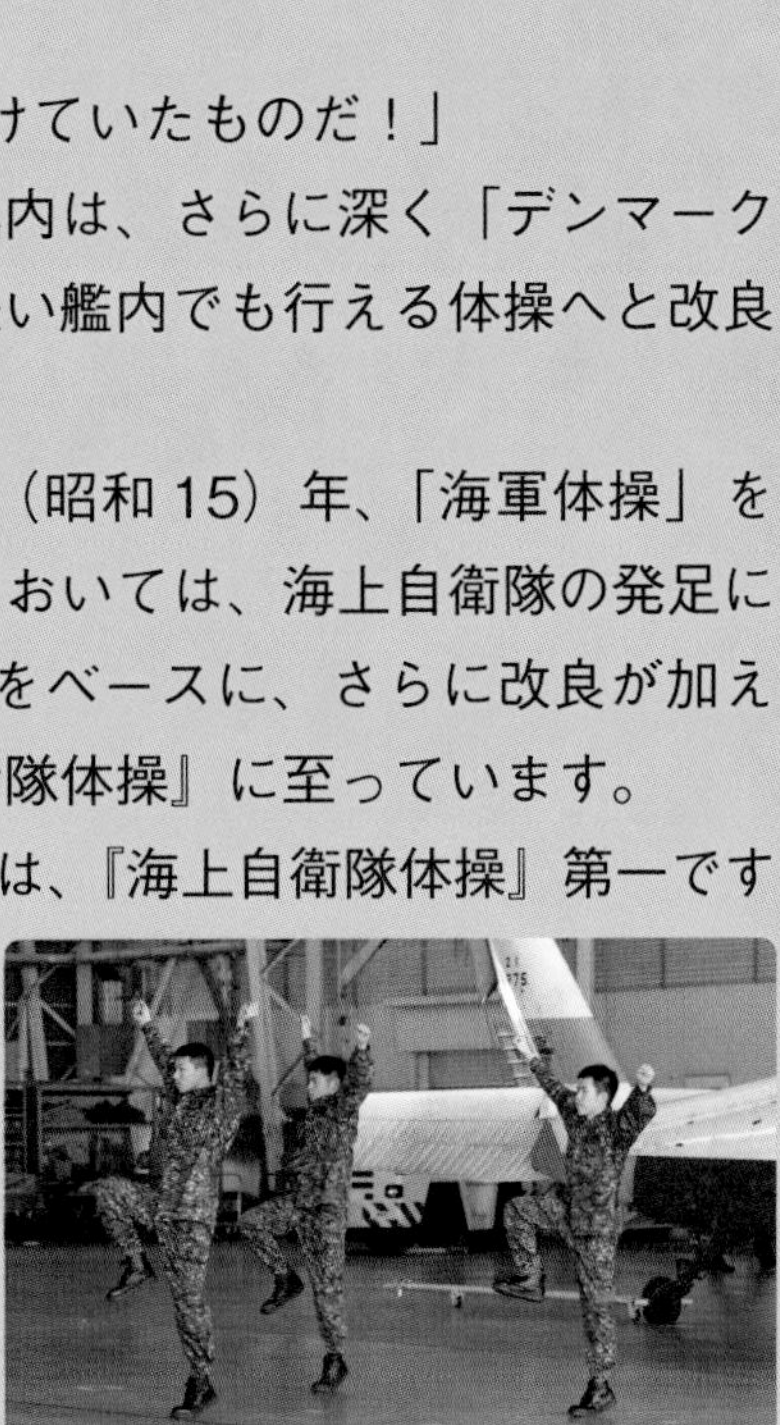

海上自衛隊体操において日常的に行われているのは、『海上自衛隊体操第一』のみとなっている。

16 「4拍子跳び」 弾みながら全身を連動させる

1

視線を正面に向けて真っすぐに立ったスタート姿勢。肩の力は抜いてリラックス。

2

1.2.3.4のリズムで小刻みにジャンプする。視線は正面に向けたまま軽快に弾もう。

軽快にジャンプ！ 上半身、下半身を連動！

軽やかにカラダを弾ませて、全身の筋肉を連動させます。「4拍子跳び」は2段階に分かれます。

まずは、上体は固定したまま小刻みにカラダを弾ませる。次いで両腕、両足の動きを加えて弾ませます。上半身と下半身をうまく連動できるようになると、日常生活においても体幹主導の動きが可能になります。

3

5.6.7.8のリズムで両腕を上げて頭上でタッチさせる。その際には両足も開く。

足を開くと同時に、頭上で両手をタッチ！

4

最後はスタート姿勢に戻る。**1**～**4**を繰り返しやってみよう。

NG

ヒザを曲げすぎないように！

ヒザを深く曲げてしまうと軽快に弾むことができない。カラダにある程度の強度を保って弾んでみよう。

ここに効きます！

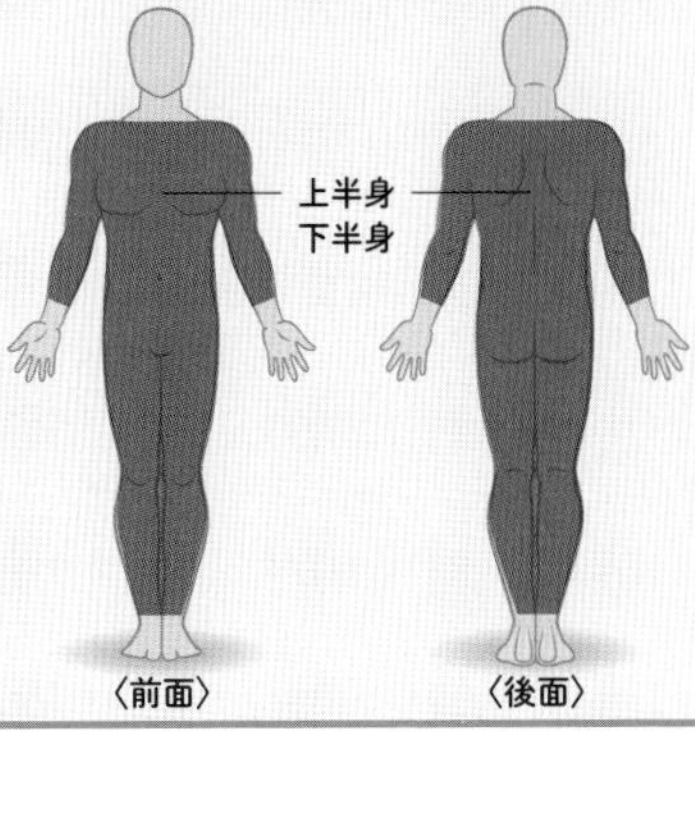

17「腕振り膝を曲げ」
下半身のクッション性を養おう

1

視線を正面に向けて真っすぐに立ち、両腕を前方に伸ばしたスタート姿勢。カカトは床から浮かせておく。

背筋は伸ばしたまま「くの字」にヒザを曲げる

状態を前後左右に揺らすことなく、両腕を後方に振りながらヒザを曲げ腰をわずかに下ろします。ヒザを深く曲げて、お尻を下ろしきるヒンズー・スクワットではありません。ヒザを曲げた際にも、背中を丸めることなく、上体の形はキープし、下半身のクッション性を養っていきましょう。ハムストリングス（太ももの裏側）にも刺激が入ります。

3

両ヒザを真っすぐに伸ばし、両腕は前方に伸ばす。

視線は正面に向けたままでヒザを曲げる

2

両腕を後方に振りながら両ヒザを曲げる。視線は正面に向けたままで行おう。視線を下に向けてしまうと背中が丸まるので注意。

4

視線を正面に向けたまま両腕を下ろす。

横から見ると…

両ヒザを曲げた際にも、しっかりと胸を張る。太ももの裏側にも、ほど良い刺激が与えられる。

ここに効きます！

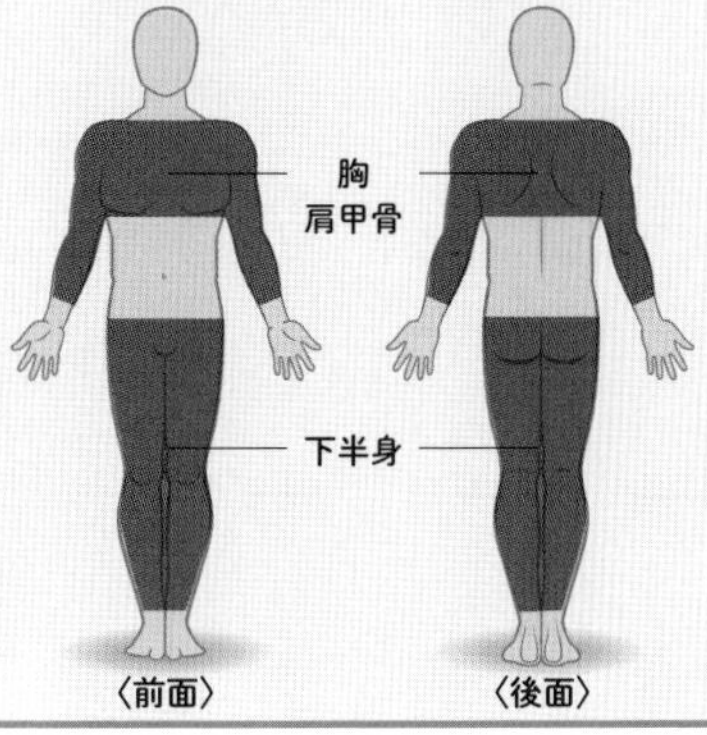

18 「腕前回し深呼吸」（呼吸の調整）

できるだけ多く酸素を摂取する

息を深く吸い込んではき カラダをリラックスさせる

最後に、ヒジを曲げずに両腕をまわしながら深呼吸を行います。

できるだけ大きく腕を動かしながら胸を開いて、しっかりと息を吸い込みはきましょう。

できるだけ多くの酸素を体内に取り込むことで、カラダをリラックスさせることができます。ゆっくりとしたリズムで腕をまわし、深く呼吸をします。

1

視線を正面に向け真っすぐに立ち、両腕を真上に伸ばしたスタート姿勢。この時、深く息を吸い込む。

ここに効きます！

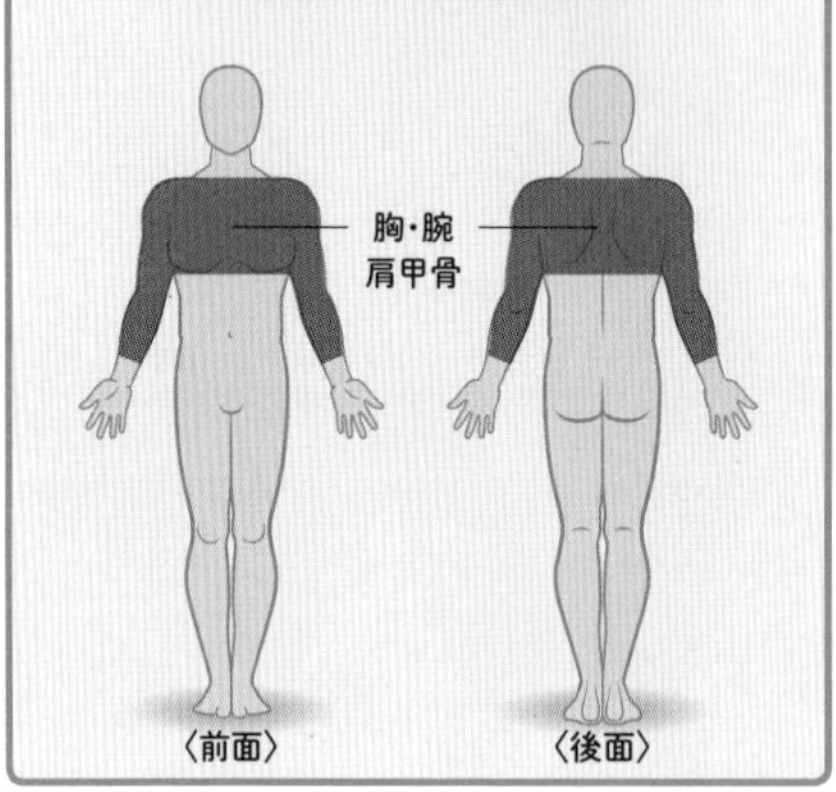

腕の動きに合わせて
しっかりと胸を開こう！

2

徐々に息をはきながら両腕を下に下ろしていく。カラダが前後に揺れないように注意しよう。

3

両腕を下ろす。この時に、しっかりと息をはき切る。

ろっ骨を膨らませるイメージで息を大きく吸い込み、その後、息をはき切る。できる限り、深い呼吸を心がけよう。

COLUMN 2

海上自衛隊体操「ショートバージョン」

『海上自衛隊体操』は、日本の国防のために活躍する隊員のみに適したものではありません。我々一般人が、日々の生活を豊かにするためにも十分活用できるものです。

まずは付属のDVDを観ながらフルバージョンにチャレンジしてみてください。そのうえで、「これはキツイ！」と感じた方には、難易度を下げた「ショートバージョン」をおすすめします。

18種目の体操を３〜４回ずつ行うのが『海上自衛隊体操』の基本です。しかし、これを２回ずつにしてもOK。動作を丁寧に行えば、十分に効果が得られます。さらには、日常生活の中でのスキマ時間を活用して18種目の中から１つ２つを選んで行っても構いません。あなたの体力、生活のリズムに合わせて『海上自衛隊体操』に触れてみてください。カラダを動かす習慣を身につけることが、人生を豊かにしてくれるはずです。

各運動は通常３〜４回ずつ行うが、ショートバージョンは２回ずつでOK！

第2章

海上自衛隊体操
目的別プログラム

海上自衛隊体操の 18 の動きから、目的にあわせて体操をセレクトしてみました。日々の生活習慣や求める結果に応じて、あなたに最適のプログラムを選んでみてください！

海上自衛隊体操
目的別プログラム 1

出社前、帰宅直後にカラダを「シャキッ」とさせたい！

POINT

・気持ちをリフレッシュ
・生活にメリハリをつける

カラダを動かす習慣を身につければ人生が変わる

年齢を重ねるごとに「カラダの疲れが抜けにくくなった」と感じている人は少なくないことでしょう。そんな方のために、日々、エネルギッシュに生活するためのプログラムを用意しました。

出社前と帰宅直後にカラダを動かしてリフレッシュしましょう。

それぞれ2分間で構いません。海上自衛隊体操を行って、肉体と気持ちをリセットしてください。左ページで紹介しているメニューを毎日欠かさず行うことで、あなたのコンディションが良化され、パフォーマンスが確実に向上します。

［目的別プログラム１］カラダを「シャキッ」とさせたい！

出社前に！

体幹部と首まわりを動かしてカラダを目覚めさせます。

❷
背伸びの運動
→ P24～

❸
頭の運動
→ P26～

⓫
よこに曲げ
→ P42～

帰宅直後に！

腰まわり、下半身をほぐして深く呼吸。カラダをほぐします。

❶
膝を
曲げ伸ばせ
→ P22～

⓬
前後に曲げ
→ P44～

⓲
腕前回し
深呼吸
→ P58～

海上自衛隊体操
目的別プログラム　2

カラダの代謝を一気にアップさせる！

POINT
・全身を大きく動かす
・一つひとつの動作を丁寧に

全身を大きく丁寧に動かし「太りにくいカラダ」を実現！

「太りにくいカラダにしたい」

　そう望んでいる方にも、海上自衛隊体操は適しています。

　上手に酸素を体内に取り込みながら運動を行い、代謝量をアップさせていきましょう。

　もちろん、海上自衛隊体操を毎日行えば、それだけで代謝量のアップは十分に見込めます。さらにここでは、短期間でより効果が見込めるメニューを組んでみました。左ページで紹介している6種目を3セット、1日に2回行います。汗ばむぐらい全身を大きく動かしながら、一つひとつの動作を丁寧に行ってください。

[目的別プログラム２] 代謝を一気にアップさせる！

上半身、下半身を連動させてカラダを大きく動かします。
しっかりと汗をかきましょう。

目標は１日２回、
３セット！

6
斜上振もも上げ
→ P32〜

10
直角ねん転
→ P40〜

15
腕回旋
前倒前屈伸
→ P50〜

13
体ねん転
斜前屈伸
→ P46〜

16
４拍子跳び
→ P54〜

18
腕前回し
深呼吸
→ P58〜

海上自衛隊体操
目的別プログラム　3

腰痛、肩こりをやわらげる、未然に防ぐ！

POINT

- 首まわりをやわらかく！
- 腰の硬さを取り除く

腰まわり、首まわりの筋肉を常にやわらかく！

腰痛、肩こりに悩んでいる方が、年齢を問わず多くいることでしょう。これらの症状を緩和させる、あるいは未然に防ぐことにも海上自衛隊体操は適しています。

筋肉の硬化が、腰痛、肩こりの大きな原因の一つであることは言うまでもありません。腰まわり、首まわりの筋肉を日頃から、しっかりとケアしておきましょう。

左ページで紹介している③、④、⑧は座ったままでもできますから、デスクワークの合間に行うことも可能です。あなたの健康のために体操習慣を身につけてください。

［目的別プログラム３］腰痛・肩こりを予防・改善したい！

首、肩、腰まわりの筋肉を動かしてほぐします。リラックス状態を常に保ちましょう。

〈メイン〉

3
頭の運動
→ P26～

4
肩をまわせ
→ P28～

12
前後に曲げ
→ P44～

14
直角上下振
→ P48～

〈サブ〉

2
背伸びの運動
→ P24～

8
頭を曲げまわせ
→ P36～

＊まずは、メインを行います。余裕のある方は、サブを含めてやってみましょう。

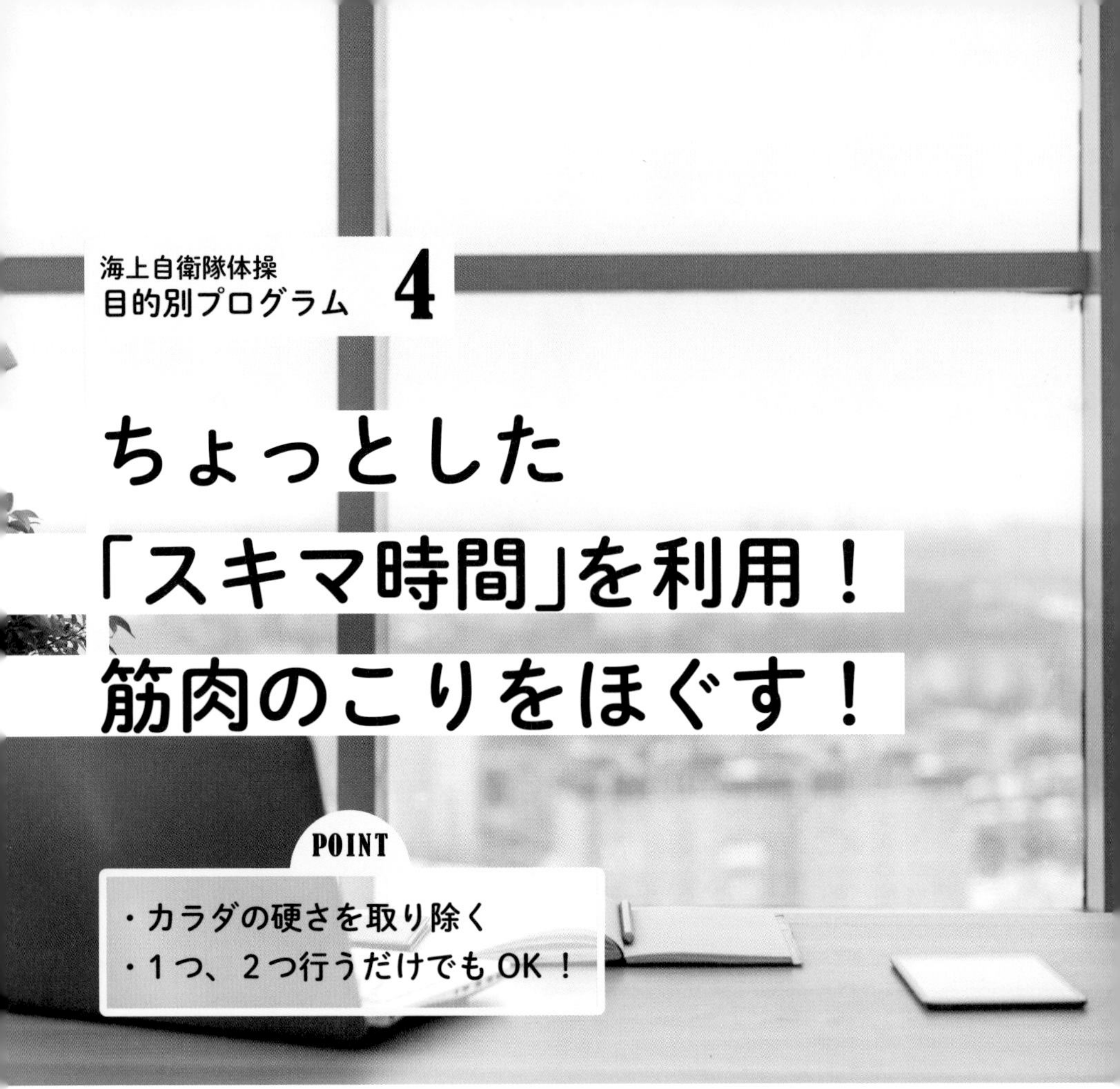

海上自衛隊体操
目的別プログラム　4

ちょっとした「スキマ時間」を利用！筋肉のこりをほぐす！

POINT

- カラダの硬さを取り除く
- 1つ、2つ行うだけでもOK！

デスクワークで固まりがちな筋肉を効率よくほぐす

時間を割いて体操をするなんて面倒くさい――。

日々、忙しく働いている人は特に、そう思いがちです。

でも、海上自衛隊体操は多くの時間を割かなければできないものではありません。18の動きをすべて行っても5分程度でできてしまいます。

それでも「面倒くさい」と思う方は、まずは職場でのちょっとした「スキマ時間」に1つ、2つ行うことから始めてみましょう。デスクワークで固まりがちな筋肉をほぐすことができます。

［目的別プログラム４］スキマ時間にやっておきたい！

気がついた時に１つでも２つでも行い、筋肉を刺激するクセをつけましょう。

〈メイン〉

❶
膝を曲げ伸ばせ
→ P22～

❷
背伸びの運動
→ P24～

⓫
よこに曲げ
→ P42～

⓲
腕前回し
深呼吸
→ P58～

〈サブ〉

❼
腕を曲げ伸ばせ
→ P34～

⓬
前後に曲げ
→ P44～

＊まずは、メインを行います。余裕のある方は、サブを含めてやってみましょう。

海上自衛隊体操
目的別プログラム　5

体幹部に刺激を入れて、しっかりと筋力を強化！

POINT

・体幹を使ってカラダを動かす
・できる限り、動きを大きく！

体幹部を強く刺激する動作はゆっくり丁寧に！

海上自衛隊体操は、とてもシンプルですが、しっかりと筋力を強化することができます。

「最近、カラダがゆるんできたのでなんとかしたい」

「体幹部をしっかりと強化して、動けるカラダをつくりたい」

そんな人に向けて、少しハードなメニューを用意しました。左ページの6種目を3セット、1日3回行ってください。

どの種目も体幹部を刺激するものばかりです。つらくても動作が雑にならないように注意して、ゆっくりで構いませんから丁寧に行いましょう。

［目的別プログラム 5］しっかりと筋力を強化！

体幹部をしっかりと動かす体操をチョイス。
動作を丁寧に全力でやってみましょう。

❻ 斜上振もも上げ
→ P32～

❿ 直角ねん転
→ P40～

⓭ 体ねん転斜前屈伸
→ P46～

目標は１日３回、
３セット！

⓬ 前後に曲げ
→ P44～

⓮ 直角上下振
→ P48～

⓯ 腕回旋前倒前屈伸
→ P50～

海上自衛隊体操
目的別プログラム　6

運動前のウォーミングアップにやっておきたい！

POINT

・関節部分をやわらかく！
・全身をリラックスさせる

パフォーマンス向上に適したメニューをチョイス

ランニングなどの運動を始める前のウォーミングアップにも、海上自衛隊体操を活用してみましょう。しっかりとカラダを温めることができ、怪我を防ぐことができます。

運動前にはストレッチという方も多いかと思います。しかし、カラダを過度にやわらかくすると競技によってはパフォーマンスを低下させてしまう場合もあります。

対して、海上自衛隊体操は、カラダをリラックスさせた上で適度な硬さを保てます。パフォーマンス向上のために、ぜひ海上自衛隊体操を活用してみてください。

［目的別プログラム６］運動を始める前にやっておきたい！

ヒザを曲げて伸ばし、カラダを弾ませます。ケガを防ぐために関節部にしなやかさを宿します。

〈メイン〉

❶
膝を曲げ伸ばせ
→ P22〜

❷
背伸びの運動
→ P24〜

❺
その場跳び
→ P30〜

⓭
体ねん転斜前屈伸
→ P46〜

〈サブ〉

❾
胸を反らせ
→ P38〜

⓫
よこに曲げ
→ P42〜

＊まずは、メインを行います。余裕のある方は、サブを含めてやってみましょう。

COLUMN 3

「海上自衛隊体操」×「食」を考える

もしあなたが、『海上自衛隊体操』を毎日続けることでダイエットを目指しているのであれば、食についても考えることが得策でしょう。カラダは「運動×食」によって変えることができます。

全身運動であり筋力を強化できる『海上自衛隊体操』は続けて行えば、必ずカロリー消費を高めてくれます。加えて、食事にも気を配れば、短いサイクルでカラダの変化を実感できるはずです。

食に気を配るというのは、単に食べる量を減らすということではありません。極端なことを行う必要はないのです。食の「質」について考え、摂取する栄養素に偏りがないかに気を配りましょう。

日々の食事においてタンパク質をしっかりと摂取、加えて糖質を摂りすぎないことが基本です。そのうえで、食べ過ぎないこと。栄養素をバランスよく摂取します。食を見直せば、体操の効果が２倍、３倍になって、あなたのカラダに表れます。

第3章

もっと知りたい！海上自衛隊体操Q&A

ここでは、海上自衛隊体操の素朴な疑問と
その答えをまとめました。疑問を解消した後で体操をすると、
さらに効果的にカラダを動かすことができるはずです。

Q

年齢を重ねるごとに体重が増えていきます。いま、55歳なのですが、「海上自衛隊体操」を続けることで、やせることはできるでしょうか？

A

ダイエットは、運動と食の両方によって行うのがベターでしょう。

その運動面において、**「海上自衛隊体操」は、もちろん有効**です。

＜①膝を曲げ伸ばせ＞から、＜⑱腕前回し深呼吸＞までを**フルバージョンで毎日２回やってみてください。**

あるいは、**目的別プログラム②（P64、65参照）を毎日２回行うことをオススメします。**理想のカラダを求めてぜひトライしてみてください。

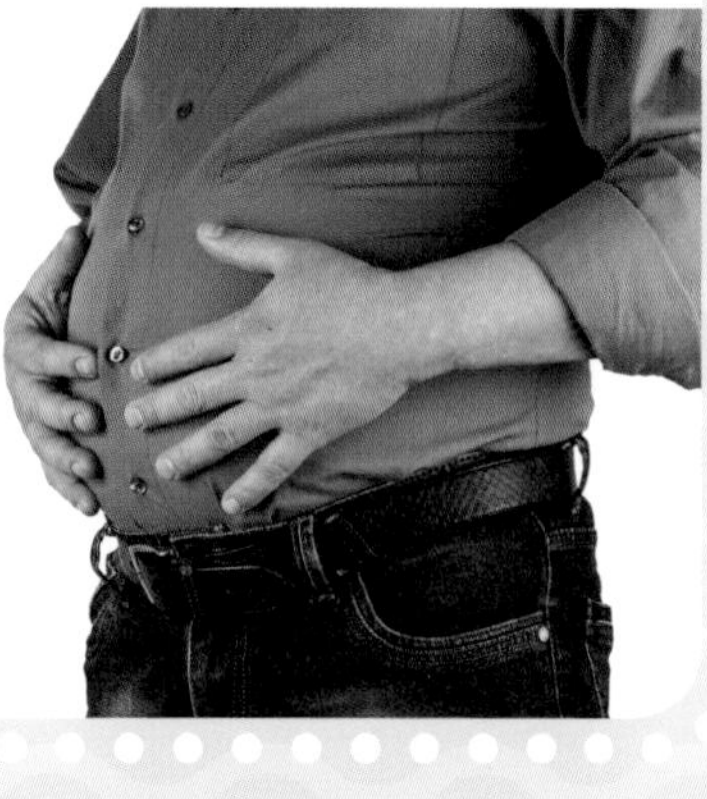

Q

毎日、行わなければ効果は期待できないのでしょうか。仕事が忙しくて、毎日続ける自信がありません。最低限どれくらいやれば効果はありますか？

A

毎日、行うのがベスト。でも、まったくやらないよりは、**週に２回でも３回でも行うのがベター**です。

気が向いた時にやる、でも構いません。本書では、18 の体操を紹介していますが、まずは、**「できそう！」と思ったものから始めてもらっても OK** です。

第２章の「目的別プログラム」やショートバージョン（P60）も紹介していますから、無理のないところからやってみてください。**カラダに心地良さを感じられたなら、体操習慣が徐々に身についていくはず**です。

Q

体操をやっていたら
「姿勢が悪いね」と
言われました。
無意識のうちに、ついつい
背中を丸めてしまいます。
どうすれば直せるでしょうか？

A

あなたは、視線を下に向けて体操を行っていませんか？

視線を下に向けてばかりいると、**背中が丸まり姿勢が悪くなってしまいます。**

本書で何度も記していますが、**視線は真っすぐ正面に向けましょう。**視線の方向を意識することで正しい姿勢が保てます。

視線が悪いまま体操を行うと、**体幹の動きが意識しにくくなります**から気をつけてください。

Q

DVD を参考に体操をやってみたのですがスピードについていけません。もう少し、ゆっくりと体操をしても効果はありますか？

A

ゆっくりやっても構いません。

もちろん、効果もあります。

大切なのはスピードではなく、
一つひとつの動作を正確に行うことです。

まずは、自分が動けるスピードで丁寧にやってみてください。

DVD のスピードに無理に合わせようとして、動きが雑になってしまっては、せっかく行っても成果を得にくくなってしまいます。繰り返し行う中で慣れてくれば、スピードも少しずつ上がっていくでしょう。

企画　MIHO（BALZO）、伊藤明弘
取材・文　近藤隆夫
編集協力　中野健彦、佐野之彦、稲葉義泰
写真
〈カバー、基地内〉　宮嶋茂樹
写真　中島慶子（マガジンハウス）
デザイン　渡邊民人、清水真理子（TYPEFACE）
動画撮影・編集　清水純
動画ディレクター　老川善博

協　力　海上幕僚監部広報室
横須賀地方総監部
第21航空群
横須賀教育隊
東京業務隊
護衛艦「あまぎり」
第1術科学校

DVD付き
いつでもどこでも誰でもできる！
みんなの海上自衛隊体操

2020年4月23日　第1刷発行

発行者　鉄尾周一
編集・発行所　株式会社マガジンハウス
〒104-8003　東京都中央区銀座3-13-10
書籍編集部　☎03-3545-7030
受注センター　☎049-275-1811

印刷・製本所　凸版印刷株式会社

　ISBN978-4-8387-3091-9　C2075